LA TRANSPARENCIA DEL ARROZ

Sara Harb

COLECCIÓN ITES

LA TRANSPARENCIA DEL ARROZ

ISBN: 979-13-87620-82-0
Depósito legal: V-3239-2025
Impreso en España

KALOSINI, S. L.
Grupo editorial olélibros
equipo@olelibros.com
www.olelibros.com

Escribe: en el principio, entre los árboles,
un cuerpo vino caminando desde la noche.

PAUL AUSTER

PRÓLOGO

SOLO ES POSIBLE LA PALABRA: LA POESÍA COMO SALVACIÓN

Recuerdo escuchar recitar un poema a Ada Salas en el que hablaba de la transparencia del agua, o quizás fuese de cómo el agua vuelve transparente el dolor. En cualquier caso, quedó en mí asociado el concepto de transparencia con lo curativo, con lo honesto también.

Así, esta transparencia del arroz que Sara Harb nos entrega se me aparece como una esperanza que llegara en barco a cualquier ciudad portuaria: lo desconocido y, al mismo tiempo, lo inmediato, lo cálido, el alimento blanco que nos sostiene.

Hay un yo poético, una yo poética, que desliza versos sencillos en apariencia. Porque las palabras tienen el don de transformar lo nombrado y así, la poeta, muestra una contención acumulada a través de los siglos, de los continentes y de los mares: «Este desierto está lleno/ de palabras hermosas» leemos. Las historias, las leyendas se desparraman a través de la búsqueda de la verdad, lo asiático como revelación, lo onírico como realidad en la que buscar esa verdad. Qué es el ser humano, qué es existir. La acompañamos en esa búsqueda, como si solo ese camino, el de la palabra poética, tuviera sentido. Porque los dioses inventados luchan en estas páginas con la «realidad insoportable».

La muerte y la vida vertebran estos poemas: el no deseo de morir y, al mismo tiempo, el deseo de morir. El lúdico baile de la forma y el contenido se instalan en las palabras: azar y azahar —de nuevo la blancura y el destino— fundarán los presagios: «Cuanto más me adentro en el laberinto/menos sé». Los tiempos verbales están en pasado, en presente: lo que fue y lo que es.

«No soy de aquí/ni tuya/ni de nadie»: esa contundencia límpida y certera evoca los versos de Alfonsina Storni, no solo en este poema sino en bastantes otros: como ecos que a veces suenan más cerca y otras veces se alejan, así rememoro aquellas palabras que la argentina escribió hace un siglo. Sin duda, ahí está la valentía de ambas. Lo lúcido, el deseo y la libertad.

Nos encontramos con varias referencias metapoéticas, octosílabos, nos dice la autora, «para temperar el espíritu», el misterio de la poesía recorre todo el poemario —en ocasiones se aúnan en un poema esas referencias a Storni a las que me refería (como el deseo simultáneo de muerte y libertad) y la indagación en la palabra: «solo es posible la palabra»—. Hay una historia interna en los poemas, o así lo veo yo; la autora —o su alter ego, vaya usted a saber— se interroga no solo a través de la palabra sino en la esencia de la misma: «Me he faltado/no sé urdir el presente».

Es quizás, en las aguas del mar donde se despliegan los elementos —yuxtapuestos y plurales— que permiten olvidar el dolor; así lo vemos en el poema *Olokun*.

Quiero subrayar algo que me parece no solo sugestivo sino primordial en el poemario de Sara Harb: me refiero a la honestidad de su escritura. La palabra límpida, la oración escueta, la luz en los versos son los ejes de unos sentimientos que parten de la verdad, de la verdad literaria y de la verdad vital. A veces, al leerla me he quedado atrapada en un verso con la necesidad de subrayar como quien subraya en el vaho de un espejo: «A dónde voy. Ahora que soy mayor». Cuánto se agradece dicha honestidad: para hablar de muerte, de desesperación en ocasiones, de dudas, del paso del tiempo, del amor, de lo oscuro y de la tristeza, emplea la poeta un lenguaje en el que reconocernos a través de los siglos y en el instante mismo de la lectura.

¿Y dónde se produce todo? ¿Cuál es el espacio en el que se escribe? No es la página ni el mar ni los países lejanos para algunos, ni los ríos ni las ciudades intuidas. Es el cuerpo. Ahí aparece el tú al que interpela la poeta: el peso de la fragilidad de un cuerpo dialoga el peso de otros cuerpos. Así se perfila la posibilidad de lo utópico.

Hablábamos de los ecos de Storni pero también están Garcilaso o Idea Vilariño o, así me lo parece, canciones de boleros cantadas muy bajito.

En la última parte del libro, la titulada *De la existencia*, la escritora alza el vuelo y nos muestra el poder verdadero de sus enormes alas. Los poemas son viajes que nos ofrece a lugares en los que adivinar un mundo mejor: el de una mujer que escribe desde el pensamiento, el corazón y el deseo.

Isabel Giménez Caro

-I-
DE VEZ EN CUANDO

De vez en cuando la vida
toma conmigo café...
JOAN MANUEL SERRAT

I

Hay cosas que si no sucedieran
el universo se afectaría en su raíz.
Justo es sostener el equilibrio,
confiar en los códigos del azar,
sin otra pretensión que la de conjugar,
reconocer la fuente que alumbre,
que prodigue, que eleve.

Así se dan las cosas ciertas.
Así se acomoda la verdad.

II

Una presencia de sutil tristeza,
de translúcida alegría,
era el impulso de esos días.
Hacía de las horas corrientes luz de estrella fugaz.
Alcanzaba para vadear el río de la tarde,
dar un paso más en la espesura,
caer en el abismo sin reticencia.

III

Tocó a mi puerta.
No supe qué decir,
no hice nada.
El desierto se manifestó seco, estático.
Vino a buscar aquel destello.

No dije nada.
Ahí me quedé.
Esperé la señal.
Abrí la puerta.
No cupo en este vacío.

IV

Pasé la mano por el dorso de la almohada.
Todo, todo señalaba un cuerpo.

Traiciones de la memoria
que como los gatos vuelven.
Traen vuelos, paisajes, murmullos.
Susurran nombres,
revuelven todo.

Ahora es un poema.
Saco la cuenta.
No me alcanzan los cuartos para esas felicidades.

V

A veces arreciaba el miedo,
en pequeñas traiciones cotidianas.

Un ángel vestido de niña,
asomó su sonrisa por la ventana de un coche.
Sonrió y se escondió,
sonrió y se escondió,
jugó conmigo.

Tiró un beso,
dijo adiós con su manecita,
gesto que la realidad deshizo.

Por unos segundos, di gracias
invadida por un espíritu que aclaró el mediodía.

VI

Susurré la felicidad de salir a la superficie,
respirar, mirar.
Era un bosque de palabras,
cacé uno a uno esos rayos de sol.
Se colaron entre el ramaje espeso de un canto
por donde transitó el pregón de su potencia.
Una voz limpia, modulada, fresca, llenó el espacio.
Vi unos ojos de círculo dorado,
de rayas verdes de bestia.
Corrí, escapé.
Grité lo que tantas veces había escuchado.
Me empujaron del cantil con fuerza.

VII

Fuego contenido,
paria, desaliñado.
Sin nombre.
Atragantado en profundidad marina
el sonido se distorsiona.
Un ojo miró fijamente al mío que gritaba aquí estoy.
Un rugido interior rompió el instante.
La ternura bordeó el limbo.
El miedo y el desacierto reinaron.
Las bocas contradijeron inexplicable convergencia.
Sin designio ese roce de pieles.

–II–
ÍNDIGO

Cuarto creciente

Un perro en la noche
ladra a la luna.

Alguien lo escucha.
Lo sabe y calla.

Se hace el ruidoso silencio de la ciudad.

Estamos solos.
Y el perro y la luna.

LA SOLEDAD
del ser humano
debes hacerla tuya.

Luego del fuego
salieron del bosque
los últimos niños.

El río se secó,
ya no hay emoción ingenua.

Este desierto está lleno
de palabras hermosas.

BUSCABA LA VERDAD

Un día encontré a las sibilas.
«Debes irte —me dijeron—. Te llevaremos».
Me fui por el sendero más largo.
No llegaba, no llegaba.
¡Tardé tanto!
Ya no me esperaban.

«Me atrasé en el camino», dije;
recogí hojuelas de cuchillas afiladas
enterradas en la arena
para que nadie se cortara.
Las aparté todas.

Volvieron, nadie me creyó.
Tuve que confesar.
Me hice amante de un herodes, me traicionó.
Y yo también,
por otro dios que prometía y prometía.

EL RÍO MÁS PROFUNDO

Se aparece ante mí.
Es una mujer japonesa, antigua.
Va en un kimono, como un personaje del teatro Noh.

Tradición y presagio.
Teka tuno tuni teiii, dice:
«Todos los privilegios y virtudes
te serán concedidos
por el trabajo que debes realizar,
todos excepto el amor»

Si para poseer esas virtudes y privilegios
tuviera que vivir sin amor,
llevadme al puente sobre el río más profundo
para lanzarlos, dije.

Se desvanece como por encanto.
Mi corazón late muy fuerte.
Momento onírico, cruel.

AZAHARES PERFUMABAN EL AIRE

El colibrí se enredó en las espinas del naranjo;
su sangre tiñó las flores.
Cómo recibir ese presagio.

Abrí la puerta,
encontré lo imposible.

Es el azar,
solo el azar.

Cuanto más me adentro en el laberinto,
menos sé.

El encanto

Las historias largas
con el vuelo se mejoran,
se vuelven inquietantes,
misteriosas,
encantan.

Los dioses lo saben,
se manifiestan.
No dicen tanto,
no adelantan lo que viene.
Solo el comienzo,
un ligero soplo cada vez.

Si no se atienden,
lo trivial se hace grande.

Realidad insoportable.

El mago

Vi el bosque.
La puñalada en la espalda,
la mosca azul.

Vi al mago
con su piel de jabalí.
Pezuñas y colmillos.

No me hieras,
soy una ninfa,
no soy de aquí
ni tuya
ni de nadie.

Entonces escuché un rugido,
pasos en el pasillo
se acercaban.
Golpearon mi puerta,
la abrí, tiraron una bomba.
Es inofensiva, pensé.

«¡Cógela! Te hará volar»,
advierte la difunta.
La tiré por la ventana.
No esperé para escuchar el estallido.

Abrí los ojos.
Ella, siempre oportuna,
me trae de regreso.

GOLPEA CONTRA LA VENTANA

La lluvia quiere entrar.

Deshace un conquistado silencio.
Cuando todo calla,
canta el universo.

Tendría que afinarme con él.
Entender lo que trae.
Recibir el recado.

¡Tanto se queda ajeno!

Hace invierno y luna

De la ventana, en su oquedad,
baja un brillo
hasta la palma de la mano.

Es un instante.
Se cierra, huye como el aliento.

Ese destello es la promesa.

En el laberinto del tiempo
se escurre la esencia,
se ahonda en el misterio.

Saber o amar.
Un dios o el conocimiento.
Cómo explicar la infinitud del universo.

INCOMPETENTE

Me declaro mala aprendiz.

No sé negar lo que en verdad existe.
Lo que entre el asfalto ardiente y craquelado
revienta como rastrojo malva del camino.

Han dicho, mejor el silencio,
aunque en amargura mal lo esconda,
aunque no amanse la desesperanza.

Claudicar, entregar las armas.
Solo con la luz de la palabra,
seguir hasta el final
con dignidad de actriz.

Tan solo una ofrenda de alivio,
para un huerto arrasado,
sirva, así falaz sea,
para quitar la escarcha
pegada a la ventana.

ÍNDIGO

Sibila.
Memoria externa.

Serás para el amor,
para servir, dijeron.

¿Para qué?
¿Para quién?

Códigos existenciales
ocultos en mi ser,
en depósito,
escondidos.

Sobrevivirán a los tiempos, afirmaron.

Sin acceder al misterio,
a pesar de mí,
los llevo.

NOCTURNA

Ahí en la esquina de la sala, en una silla, atrás,
donde nadie cree que se mueve el aire, ahí estoy.

Así comienza esta historia, ¿la sigues?
Las palabras revolotean buscando un nicho,
van a caer,
van a caer.

Un latido, una fuerza sostiene el verso,
Tiembla el pulso,
revienta la voz.

El suspiro vuela,
el poema se completa.
Transita escindido entre lo que manda la emoción,
lo que dicta la razón.

En esa estrofa consta.

Octosílabos para temperar el espíritu

El año de la esperanza
se lo llevaba la marcha
confundida del asombro
en fuertes brazos de viento.

Volver a esa calle, luna
de sonido luminoso,
nostálgico, delicado,
de un eco estremecedor.

De risas y de alegrías,
un latido, percusión,
todo vibrando feliz.
Era un espejismo, vértigo.

Hoy me asalta victoriosa
aquella hermosa visión.
Desde un refugio dorado,
la memoria lo concede.

OLOKUN

Ante ti, el dolor se olvida.
Es un gemido que vuela.
Una voz, un eco.
Se instala en el cenit, existe.

Desata un núcleo, libera el miedo.
Lo hace pequeño.
Es un encuentro de no me olvides.

Fuerza primigenia, timón,
sirena y barca,
concha de mar y ancla,
hipocampo, erizo y estrella.

Ir a ti, asomarse a la ventana,
ver tu incólume fuerza,
la felicidad, sus dimensiones.

Se llega a ti en desespero.
En ti se busca el amor perdido,
el acertijo imposible de resolver,
el deseo de saber.

En tu fondo la vida se decreta.

PARIR EL POEMA

Para tocar el ángel
se debe escribir en dulce compañía.

Indispensable
un amor imposible, el abandono,
la raíz perdida, la madre muerta,
un pájaro herido,
estar perdida en la tormenta,
sin otra ayuda.

Resta el ruego a un dios ajeno
en el que no se cree.

Dejar, llamar al abandono,
perdonar al que dice saberlo todo.

Necesaria una guerra,
algo que amenace al mundo,
ser buen aprendiz de perdedor,
sin reclamo, sin esperanza.

Rotundo aparece el poema,
sin saber por qué, ni cómo.

PRIVILEGIO DE POETA

Si el amor es falsa consigna,
si lo que encontré me abandonó,
esta carta que muchas veces escribí
terminará rota, como rota voy.

Pedazos de esta existencia no paren
nada digno de asombro.

Me acompaña una fragilidad inoportuna.
No se concreta mi historia en poema ejemplar.

Reveses de fortuna no vi venir, se asentaron aquí.
Cómo remendar esa idea falaz.
Voy desnuda.
Me he faltado, no sé urdir el presente.

Ante mis ojos atónitos, agarrado al vientre,
un miedo atraviesa mis vísceras.

¿A dónde ir?
He llegado a la punta del risco,
sin valor para tirarme.
Todavía acompaña los furtivos segundos
un falso sentimiento de logro.
Es cierto, voy a morir.
No sé cómo.

Tiempo absurdo,
de batallas insignificantes,
mayores a mi inicuo poder.

Todo se opone,
grita llanto,
muerte,
soledad,
inquietud,
escasez,
asombro.

Cómo volver.
Dónde ese brío sucumbió.

No me abandones, ahora que no has vuelto.
Ahora que no has llegado.
Ahora que no nos conocemos.
Ahora que no nos despreciamos.
Te abrazo sin tocarte.
Sí y no a la vez.

Es el mundo del inspirado.
Es estar fuera del centro.
Es ese dios,
a veces traidor,
a veces imposible.
Es la mirada que huye.
Es la mano que intenta.
Son preguntas.
El mundo de la razón.
El vacío del ser.
Es un estado oscuro.

Solo es posible la palabra.
Me adentro en el misterio.

Nombre propio

Qué digo ahora que no te nombre.

Contraluz

Insomnio

Alucinación

Dispersión

Amanecer

QUIÉN ME HABLA
cuando vuelvo a mi interior.

Me lleva de la mano
en el laberinto del tiempo.
Momentos entrecruzados
de compleja y misteriosa cosmogonía.

Dice que no recordaré nada cuando regrese.

Allí se revela incomprensible
una compleja ecuación, el secreto instante.

Encuentro con seres de todos los tiempos.
Saben más de mí que yo misma.
Organizan mis actos.

Cantan con sutiles voces
versos sabios sobre lo que es la vida,
sonidos, palabras, energía.
Luz que se transforma en conocimiento.

¡Déjenme ver los rostros!
No quieren.

–III–
Confidencias

SE DILATA DISTORSIONADO EL TIEMPO,
sin compás,
a veces vertiginoso, asombrado,
infinito como la espera.

Imágenes en progresión, surreales.
Tendrían que dejar una señal.

A dónde voy, ahora que soy mayor.

Frente a esta realidad aciaga,
el deseo, la compasión,
la impaciencia, la calma, es el discurso.

De las pequeñas cosas sin importancia, el momento.

A QUÉ EXTRAÑA LEJANÍA PARTISTE,
si ya empezaba a despuntar el día.

La aurora inquieta te reclama.
No pude contestar a su demanda

Soy ausencia que ahonda en tu sombra.

Vuelve ahora que sé tu nombre
y conozco el vértigo que te acompaña.

Todavía queda luz en la tarde.

PROMESAS DEL MAR SERENO,
tardes de domingo.
La amplia vuelta de la soledad,
ligera, temprano se instala.

No hay pena chica ni alegría grande.
Golpe en el rostro del amor adocenado,
¿Cómo esquivarlo?

Es furia, es costumbre,
Es la urgencia, el desmadejado beso.
Osadía, cobardía o temor.

Victoria falaz en tardes de gran vacío,
de ausencia que nada colma.

Días tristes, quietos, serenos.
Iluminados, ensimismados,
borrachos, de frenesí atormentados,
sin esperanza de alivio, pasan.

Voy en el sueño de otro,
confinada en universos virtuales.

El cerbero marca la hora del retorno.
Estéril isla.

Un barquero a ciegas espera.
Mi sien palpita.

Ahora son unos brazos sobre mis hombros.
Surge el miedo, frío, profundo.

Doy el paso.
Avanzo.

Me acaricias.

El hammam de Samira

Mujer menuda, de manos fuertes,
Conoce, conduce el territorio del cuerpo.
Congrega un concierto de palomas de senos al aire.
Se lavan las penas en la cofradía del agua.
En Melilla se deja la tristeza.
Extranjera entre extranjeras.

Hermanas en la lengua, en la mirada.
Seres limpios, transparentes, desprovistos.
Se muestran sin ambages.
Los ojos miran más allá.
Entre perfumes y esencias,
agua fría, piedra caliente,
el pensamiento se escapa.

Se pierde en la algarabía
de cuerpos gastados, imperfectos.
Queda la nobleza, la cofradía.

Escondo las lágrimas,
son cristales confundidos
en el vapor del cuarto.
No los miro, no los busco,
sé lo que son,
quienes son.
Se desvanecen, son burbujas de olvido.

¡Ah, las manos de Samira!
Me liberan de lo que traigo en mi cuerpo.
Entre aceites y henna,
amores me han arrancado.
Ellas avanzan por este territorio
triste, baldío.

Borran de mi memoria lo indeleble,
pedazos de existencia.
Me han hecho feliz.

PROTEJO EL CRISTAL DE ESTA OSCILACIÓN.
Absurda condición de los despreciados;
sin esperanza,
abandonados, parias.

En cualquier momento,
sin advertirlo,
volará la piedra.

QUIZÁS PIERDA LA APUESTA.

La flor en fugaz belleza
empieza a morir
ante los ojos atónitos del paseante.

Regocijo que no revela crueldad.

Por la furia de la sangre,
ese instante de luz,
ojalá el azar me regalara.

SIETE DE LA TARDE

Como planos de continuidad pasan los días.
Instantes anodinos,
esquinas de la tarde recogen tonos,
en disolvencia me envuelven.

Esa luz, ligera, se torna en otra cosa.
Paréntesis sutil, me deja ir.

Humo fugado de lámpara mágica,
en descuido lento, sin prisa, desaparece.

Me disuelve en leves arpegios cósmicos.

HAGO MI DUELO Y NO HE MUERTO.

Mirada exangüe.
Un demiurgo me observa de perfil.

¡Impotencia!
Desierto helado en un paraje laberíntico.
El minotauro huyó.

Con veloz estocada,
tras la máscara de la contienda,
la punta del sable punza mi cuerpo.
Me desangro.

Suelto una exhalación,
un silbido nítido, sidéreo.

De astros desprendidos por el viento del vacío.

SIN RUMBO

Añoro la ilusión de aquellos que confían
que un dios los salvará.
Proclaman que los sacará del turbio laberinto
en el que vagan.

Caos y lucidez ante la prometida prenda,
felicidad tal vez, espejismo engañoso.

Ejarbes inundan los surcos de mi andar.
Desde la densa fuente de mis pesares
creo descifrar el vacío.

Perdono la belleza efímera, tramposa,
soñados destellos fugaces.

Brindo mil veces por la luz que un cíclope propone,
hasta agotarse toda la fuerza de su ojo
y el llanto de los míos.

En ese mientras tanto, ojalá despejara,
al fin se nos mostrara desnuda
la huidiza verdad.

ESPEJISMO

Serpiente encendida, dulce veneno.

Frenesí.
Deseo ese brillo
y con la luz me fundo.

No son para mí esos
luceros rutilantes de la noche.

No los puedo detener.

No me los puedo permitir.

–IV–
Del amor

PRIMERO FUE EL ASOMBRO,
el presentimiento,
el don sagrado.

Todo era tan sencillo.
A pesar de la lluvia,
las llamas crecían,
ofrecían su encantamiento.

Todo era tan nítido, tan sereno.
Cauteloso pasaba el tiempo.
Fuimos uno.

CONVERGENCIA

Eran dos senderos en un solo sentido.
Siempre así fueron,
principio y fin.

Un océano de palabras
ahogó el pacto.

No es el amor, no lo era.
Eran dos caminos indescifrables.

Dos sentidos,
dos senderos.

El amor,
esa mesa de yantar
y quedar hambriento.
Dejarse ir,
dejarlo ir.

Puedo decir lo que sé,
viajar de ida y vuelta
desde la razón al sueño,
desde la realidad a la ilusión.

Areítos de espíritus protectores,
intangibles,
inmensurables.

ESO DICE EL MAR CUANDO BESA LAS PLAYAS DEL PUERTO,
que me has negado tu presencia.

Tendría que irme a la montaña,
ver el infinito desde allí,
metáfora de lo inalcanzable.

En el rumor del mar,
en su fondo, está la razón.

¿La mía, a dónde se fue?

Es un fuego que arde y no se ve,
una llaga abierta que palpita.

Un veneno que ilumina.
Un tormento que no reclama.

Una herida en el centro.
Una muerte que no cesa.

Un deleite:
amar es un goce.

UN *FILM* CARGADO DE METÁFORAS,
inventa la ilusión de momentos imposibles.

Aviva el deseo de correr,
buscar esos seres, de bocas anhelantes.

Salgo, encuentro ojos evasivos,
la urgente ansia de tocar,
la caricia escondida, irresuelta,
la de ese instante.

Como en el cine:
son dos seres, sí,
de temor primitivo.

ENTRE LAS PIEDRAS

Surge por sí este amor entre las piedras.
Terco como feraz y joven hierba;
camina por el pavimento ardiente.
Aquí viene. ¿De dónde?
Lugar sin nombre, sin olvido,
dimensión de gozos entretejidos.

¿Cuándo pondrá esos labios vacilantes
sobre mi boca?
De esta boca, hondura,
de hondura, notas del laúd vibrante,
del laúd, las caricias esperadas,
de caricias, presencia de su traza,
de su traza, presencia del olvido,
del mismo olvido, solitario olvido.

HORA CIEGA

Momento inoportuno.
Se va por un costado.

Ese lado herido, abierto,
desmayado.

No es para mí.
No lo ha sido.
No lo era.

Todo en mí llora,
me desangro.

INDIFERENCIA

Olores de una piel,
un camino reconocido.
Piel rústica que tiene
la fuerza del olvido.

¿Por qué me miras así?

La carta no enviada

La respuesta no escrita.
El día entero te esperaba,
sabía que no vendrías.
Callaba, era tiempo de fiesta.

Son mis lágrimas la última escala
de esta pena en solitario.
No hay más alta belleza que la del torrente
que se desata ante la nada.

Helada hasta los huesos,
no reconozco mi culpa.
No puedo salvarme.
No me entrego.
Que vengan a buscarme.
Yo no voy.

No más

Más no pidas.

Tienes todo lo que tengo
para dar.

No, no puedo

Finjo, miento, aseguro.
Me duele ver tu nombre.
Pronunciarlo no basta.

Son solo letras,
una tras otra
figuran tu ausencia.

POTESTAD

Si yo fuera un dios habría hecho el mundo distinto.
Las nubes esperarían para soltar el agua.
Guarecida me jubilaría maravillada
con el prodigio de la lluvia.

Te tendría cerca de mí, te vería dormir,
besaría tus párpados, entraría en tus sueños,
metería mi mano entre las tuyas,
te besaría las veces que quisiera.

Te oiría tararear viejas canciones,
sentiría tus pasos en el portal,
correría a abrazarte.

PRENDAS DE OLVIDO

No sea tu partida voz del presagio.
El tañido del laúd melancólico te llama.
La mesa servida, tu presencia invoca.

El patio de gardenias perfumado ansía verte.
La palmera se inclina por las tardes, te busca.

¿Qué hago yo si tu ausencia se hace larga?
¿Adónde llevo estas prendas, los besos marchitos?
¿Qué deidad invoco?
¿Cómo conjuro el olvido?

Un segundo o dos

Espera, pon tu mano.
Toca mi pecho.
Dentro un pájaro revolotea,
Esparce un temblor,
arpegio dorado.

Llego hasta la nota sostenida.
Me quedo en tu mirada;
fondo incierto,
asombrada, triste.

Aunque sea tarde,
seamos felices un segundo o dos.

SAL A LA NOCHE

En el sueño de un árbol,
en la oscuridad de una esquina,
en la mentira de la noche,
en el desenfreno de la bruma, búscame.

Ven sin tregua,
sin pausa.

De quererte muero.
Por quererte vivo.

Todavía no sé

Aún no descifro
si cuando dices «llueve»
o «la tarde termina»,
quieras decir «yo te amo».
O cuando dices «qué tal»,
acaso sea me «haces falta».

Si tiendes la mano,
signifique quizás
lo que habrás esperado
para sentir mi piel.

Si me abrazaras, dirías
lo que siempre has deseado
y nunca he tenido.

16:27

Ave de los últimos rumores.

Beso fugaz que se aleja,
verdad de otras veredas.

Inútil pesquisa.

Eco que no responde.

Sombra de silencios.

Luz que apenas roza.

URDIMBRE

Pasión y sexo
corren por la avenida.

¿Cómo se trenza esa trama
fuera de lo evidente?

¿Dónde se conjuga?
Invoca y surge
el azaroso juego.

¿Dónde el amor?

Ventana abierta

Mirar por la ventana.
Se adelanta una visión
de amor sencillo.

Sin sonidos disonantes
ni algarabía.
Amistad que compensa
la distancia y el olvido.

Creación sublime.
Cerrar los ojos.
El grito de esta hora equivocada
distorsiona el aliento del amor.

–V–
De la existencia

Cosmos

Una pelota da vueltas, vibra,
cae de la mano del niño que juega.
Espera atento,
la esfera se pierde en el inmenso vacío.

No regresa del espacio infinito.
El aire se torna misterioso.

Él es un punto en la esfera, nada.

Como una fragancia, se desvanece.

Nada, menos que nada.
Ahora intuye, afuera es igual que adentro.
Se asoma al borde, se paraliza ante la plenitud,
conoce sin entender, entiende sin conocer.

Esa dualidad se replica dentro,
ordenada, armoniosa.

Misterio que se expande ante su mirada.
Supone cuestionar a un dios.
Pasa por la vida sin poder contestar la pregunta.

Ahí fuera hay alguien.
Debe confirmarlo, pero solo conoce
de árboles, del jardín,
de la rueda, y la esfera.

Espera a los que vinieron ayer.
Que vuelvan con su luz y abran la puerta
de ese infinito que no cabe en el cuerpo,
y es el cuerpo.

Todo lo que existe está ahí,
es todo lo que no se sabe,
leyes que escapan a su comprensión.
Es la orfandad del hombre.

La FELICIDAD también está
en terceras manos.

Me lo han dicho en lenguaje de nubes.
Esa música en *staccato* ha pasado por el cielo.
Tantas veces, enajenada en adoración
pedí al cosmos mirarme con ternura.

Y lo ha hecho.
Ave de paso,
se ha posado aquí.
Otros trinos se la llevaron
seducida por el encanto de la nada
y los perfumes de feria.

Algo poderoso está escrito
en la partitura del azar.
La certeza de saberlo persiste
como el color de la tarde,
voluble.

En múltiples variaciones,
en apariencia distraída del compromiso,
aseguran,
                    esa alegría es mía.

LA TIERRA ME PERSIGUE

Cuando me alejo para olvidarla
se aparece en palabras ajenas,
historias de terceros
que la quieren mejor que yo.
Ella, mi malquerida,
no tiene culpa.

Voy nómada, sin raíz.
Cuando quiero ir,
ella viene de vuelta.

En ese instante,
en ese cruce,
están la palabra,
la belleza
                              y la raíz perdida.

MÚSICA EN EL CINE

Notas que permanecen,
que trascienden las historias.
Se anidan en nosotros.
Pueden cruzar los tiempos.
Imágenes volátiles,
emociones secretas.

La belleza es sonora.

OCULTO ARCANO

No, mi corazón no duerme.

ANTONIO MACHADO

Vigilia que busca sin cesar la razón.
Quizás lúcida, quizás inocente.
Territorio para proponer la vida.
Intuición de la conciencia, de un andar.

Pleno de muerte, silencio y olvido.
Agujas urden los nervios.

Antes de partir,
venga la brisa, concilie el azar con unos versos.
Aclare al insomne el camino.

Si se abre en múltiples ríos.
sus aguas, como en un delirio,
conduzcan al territorio de lo imposible.

Ambigua fortuna.

SACRIFICIO

Nobleza obliga,
así dice el código.
Marchar sobre los pasos
de tantos seres perdidos, amados,
conminados por un yugo de sangre.

Si fuera cierta la libertad humana,
si no agregara el miedo a su búsqueda
ni se contentara con la mediocridad,
sería una sabia constelación.

Amarga condición del ser humano.

SI TANTO DOLOR NO FUERA
ira o tormento;
grito herido del ciervo;
disparo que atraviesa la carne.

La noche sin estrellas.
Lugar que se arredra en el vacío.

Sin aliento revienta el verso.
No tiene remedio.
La calma se hace rogar indiferente.

No sea desprecio, ni indolencia
ese frío en las venas,
la mala fortuna en la furia del viento.

Son tiempos contrariados.

Tierra nueva

Fuimos felices por un instante.
Corríamos como corderos alegres
por los pasillos de la casa.
Volábamos entre los árboles
cargados de frutos.
A pesar de no saber bien
dónde estábamos,
sonreíamos de conjunto,
de clan.
Alegría contra la que nada podía la adversidad.

Mientras, la voz de Omm Khalthoum
nos decía que entre la luna y el sol iba el amor,
que las mil noches más una
serían el tiempo para esperar la promesa.
De la cocina salía la esencia de nuestra tierra
en platillos desconocidos para el resto
y, en comunión, los comíamos
reafirmando nuestra sangre antigua,
incomprendida y guerrera.

No pudo la luz del Caribe
descifrar lo que decíamos
con nuestros ojos.
Ese alfabeto sin letras
que nos leíamos para asegurar
que no habíamos llegado para quedarnos.
Lejos ahora,
con pies que solo conocen el camino,
en un mundo que no tiene lugar
para el uno ni para el otro,

recuerdo esa pompa de jabón
que sostuvimos con nuestro aliento,
hasta que en el aire se deshizo.

Caminos de Fez

Yo soy una fuerza del pasado.

Pier Paolo Pasolini

Recorro la tierra
para encontrar esa
otra mitad que llevo dentro.
El camino apela
a la raíz perdida
que se revela en el aire.
Es el aroma de un pasado,
ancestro que se defiende.

Surge de la tierra, en la fruta y en la flor.
En el son del muecín que llama
aunque yo no vaya.
Su lamento envuelve la ciudad dormida
en una ensoñación
a la que acuden los espíritus.

Dejan recados de un legado
que vuelve en ese misterio
indescifrable del tiempo.
El sonido del martillo cimbra el aire.
En el apretón a la masa de arcilla
el ceramista deja su alma.

El aroma del comino tostado
registra, persigna,
presenta la luz del pan
que se fragua en la mesa.

Aparece mi madre.
En sutil caricia
me abraza, su voz
reconozco diáfana.

Dice, «aquí estoy.
He ido y vuelto.
He descifrado ese laberinto
del aquí y el ahora.
Ese hilo dorado que alumbra,
que se reconoce en las telas,
en las piedras,
en el metal y en las jarras,
es el camino al origen».

CIERTA TRISTEZA

Se hace noche.
Momentos de desesperanza visceral, profunda.
Todo es contradicción, equívoco, duda.

La ausencia se toma mis paisajes,
golpea mis entrañas,
esa membrana se adhiere a mi cuerpo.
Lo hace ajeno, extraño.

Oscurece el cielo.
Saltan lágrimas de impotencia.

De abandono es el aroma.

Cita en Samarra

No temo a esa cita en Samarra.

El misterio habrá de resolverse.
Encontré el amor,
mas ningún acertijo he descifrado.

Lo aprendido no alumbra
la caverna donde mis fracasos anidan.

El brillo del alfanje
o el abismo impenetrable para estos yerros.

Como mueren los tiempos

Sucede que me canso de ser hombre.

PABLO NERUDA

Pasa la gente amada,
la odiada,
la que me despreció y perdoné.
La despreciada y perdonada.
La música venerada,
la libertad entregada.

He resucitado por corto tiempo.
Encontré amigos de mis amigos idos.
Lloraban su ausencia.

Amantes fervientes
despedían a genios del cine.
Rogaban por más ensoñaciones,
historias de hombres y mujeres;
sencillos, solos.

Mi regreso ha de ser corto.
Dejaré mis cosas,
no valdrán la pena.

De la existencia

El cosmos se desplaza.
En ritmo coordinado, se expanden al unísono;
guardan las distancias constelaciones, galaxias,
planetas, estrellas, todo.

Orgullosos, cegados, confundidos, perdidos,
por frágil lazo unidos, tirantes, también nos alejamos.
Equilibrio imposible.
Sostienen en balanza frágil lo inexorable.
No es plana la realidad, ni el Cosmos ni la Tierra,
ni lineal el tiempo, conocido plural.

En equívoco de exiliado sin rumbo,
navío sin retorno, te has ido.

Vulnerable,
ruego a la lejanía,
a la vasta fuerza oceánica,
romper el cruel presagio.

Has partido en silencio, destino ignoto,
barca sumergida en las entrañas de la inmensidad.

Epifanía

El agua transparente
cundía de algas,
erizos, piedras.

Mi sombra ondeaba en ella,
imprecisa.
Se levantaba un susurro súbito
de niebla temprana.
¿Negaría la plomiza realidad?
¿Vería mi vida como inane despropósito?

Una burbuja de luz peinó el mar,
lo aquietó.
La esfera ascendió.
Se balanceó en el aire.
Se dejó caer en mi cuerpo
como bálsamo que repite alas.

Exilio

Ya el hijo no puede hacer derroches.
En el estallido ardieron los lazos.
No cabe el retorno, solo partir,
volver a empezar.
Se disolvió la ternura
en sueños perdidos.

Una madre y el hijo que pierde.
Un joven y su hermano que se va.
Cae el pilar en el que apoyaba su anhelo.
La mano bajo la mesa busca en otra
el hueco de la soledad.

Debe atraparla, consignarla.
En ese instante confirmar la ausencia.
Abrir los ojos al nuevo cielo.

Hijo pródigo

La sangre le hirvió cuando recibió los denarios.
Quería conocer el mundo, vivir.
Escapar del amor obtuso del padre,
negar consuelo a la madre,
partir ante la mirada perpleja del hermano.

Esos denarios le compraron sed, deseo,
amor, olvido e ilusión.

Oropel y desatino caían de su lecho
por el encanto de los besos.
Negra noche del alma.
Nada. Solo la traición, la duda, el engaño.
Vuelve el rostro hacia el río que lo trajo.
Un ruido de metrallas acabó con ellos, le dijeron.
Se entregaron.
Muertos sin razón.
El viento barrió los recuerdos.
El polvo empañó los espejos.

Abandono.
Desprecio.
Sin fortuna.
Insomne.
Sin el abrazo,
sin perdón.

Afuera, solo el ruido equivocado de la guerra.

Inspiración

Respira la tragedia,
Rodalquilar en ruinas.
Brillo de obra perfecta.

El deseo sin perdón
seduce a García Lorca,
y su mente se inspira.

Mujer común se casa,
la boda ya es leyenda.
Inminencia del lazo,
moral y sacrificio.

La belleza se fuga,
la pasión olvidada.
El éxtasis soñado,
bien vale un puñal, niña.

La sangre corre libre,
arde la voz del poeta.

No soy Abraham

Un ángel ante Abraham se apareció:
haz esto, haz aquello,
paga, enmienda, ama, celebra, has cumplido.

Ante mí, nunca; no he visto nada igual.
Imágenes del más allá, abstractas, trágicas.

Si alguien se apareciera y me dijera:
ve, persigue, mata,
perdona, te salvaré, te abrazaré.

¿Lo haría yo?

Un mar serenísimo

La primera lluvia cae
en un mar serenísimo.

Contradecir a los dioses,
decirles, gritarles.
Me han traído desgracia.
Esa que necesito para negar
la existencia de dios.
Un dios equivocado, mortal,
no logra ordenar el caos que nos ha regalado.

Llegué al borde del precipicio,
me lancé,
¡morí!

Aquí estoy otra vez.
El final debe ser perfecto,
desvanecer a negro,
con anagnórisis.

Como en aquel *film*,
dios se quitará la máscara.
Quiero saber quién es.

Ni Hawkins lo supo.
El universo es la expansión de la duda.
Así no se puede ser feliz.

UNA FANTASÍA

Me han maldecido los dioses
con esta manera de encontrar sentido.

Un fardo de anzuelos,
una vida entre las vidas, me regalaron.
Una coherencia helada,
la quintaesencia del abandono.

Estoy aquí para cejar,
dejar pasar.
Tolerar al que dice
haber descubierto la verdad.
Bajo la cabeza,
no respondo a esa jactancia.

Es una estafa,
la verdad está aquí hace eras.

UNA PASIÓN IMPURA

Tengo una pasión que contamina
lo que pienso,
siento,
veo,
o deseo.

La urgencia de ser humano.
La inconfesable necesidad.
La significante grieta del ser.

El quiebre.
La ruptura.
El abismo.

La necesidad, ojalá efímera.
La plenitud del círculo.
La grandiosidad de la esfera.
La incógnita resuelta.
El afán que borran los besos.
La mirada que asegura.
La certeza, la presencia.

Todo se corrompe.

Ya lejos

Alejé mi nostalgia caminando,
es ya tarde.
El enigma me hizo fuerte.

Detenida sobre débiles pilares de luz,
mezclados con recuerdos
inútiles,
eternos.
Puertas giratorias a una realidad sin gracia.

Espejismo impreciso, indefinido,
quizás alguien sepa de sabios hechizos,
cierre el abismo, alumbre el camino.

La sutil hora de la calma.

ÍNDICE